DISCOURS

POUR LA FÊTE DE

S. IGNACE DE LOYOLA

Fondateur de la Compagnie de Jésus

PRONONCÉ

DANS L'ÉGLISE N.-D. DE SAINTE-CROIX

DU MANS

Le 31 Juillet 1880

PAR

LE T. R. P. DOM CHARLES COUTURIER

ABBÉ DE SOLESMES

LE MANS

LEGUICHEUX-GALLIENNE, IMPRIMEUR, LIBRAIRE-ÉDITEUR

15, RUE MARCHANDE, ET RUE BOURGEOISE, 16

1880

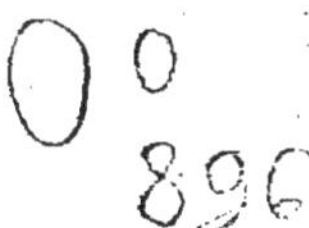

DISCOURS

POUR LA FÊTE DE

S. IGNACE DE LOYOLA

Fondateur de la Compagnie de Jésus

PRONONCÉ

DANS L'ÉGLISE N.-D. DE SAINTE-CROIX

DU MANS

Le 31 Juillet 1880

PAR

LE T. R. P. DOM CHARLES COUTURIER

ABBÉ DE SOLESMES

LE MANS

LEGUICHEUX-GALLIENNE, IMPRIMEUR, LIBRAIRE-ÉDITEUR

15, RUE MARCHANDE, ET RUE BOURGEOISE, 16

1880

Hæc est victoria quæ vincit mundum, fides nostra.
La victoire qui triomphe du monde, c'est notre foi.
I. S. Jean, v, 4.

MES FRÈRES,

La fête de saint Ignace aujourd'hui, dans cette enceinte, est singulièrement touchante.

Nous sommes ici dans une assemblée de proscrits; leurs frères, il y a un mois, ont été chassés violemment de leurs demeures, eux-mêmes savent que dans un mois le même sort les attend. La persécution ne les effraie pas, ils ont appris à l'aimer, comme le partage des amis de Dieu, et ils célèbrent aujourd'hui la fête de leur Père.

Mais la foule nombreuse qui les entoure s'attendrit sur leur sort, d'autant plus qu'elle les voit plus libres de toute inquiétude personnelle. Ce sont des enfants, qui vont être les premières victimes de l'expulsion de leurs maîtres, des parents qui tremblent sur le sort réservé à leurs enfants, des chrétiens en grand nombre, qui comprennent et ressentent les coups portés à la sainte Église.

Enfin Monseigneur l'évêque du Mans, en voulant ce matin donner à cette fête de famille tout l'éclat des grandes fonctions pontificales, ajoutait aux sentiments qui nous animent tous un caractère de religieuse tristesse.

C'était une consécration nouvelle de cette union, ou mieux, de cette unité qui fait le désespoir de nos ennemis.

Ils croyaient que les enfants de saint Ignace seraient abandonnés par tous dans la guerre suscitée pour les anéantir ; mais ils ont vu, dès leurs premières attaques, l'Épiscopat couvrir de son autorité la Compagnie, et, à la suite des évêques, le peuple chrétien tout entier se lever pour la défendre.

Monseigneur l'évêque du Mans, je suis heureux d'avoir aujourd'hui l'occasion de lui rendre cet hommage, s'est toujours signalé au premier rang dans cette lutte par l'énergie de sa foi et la tendresse de sa charité envers les Ordres Religieux. Et en me faisant ici l'interprète des Pères de la Compagnie, que Sa Grandeur, si mes paroles doivent arriver jusqu'à Elle, daigne les recevoir en même temps comme l'expression de la gratitude des enfants de saint Benoît.

Cette unité dans la sainte Église, qui est devenue si éclatante de nos jours, grâce à la persécution, nos ennemis ne la peuvent comprendre, et, parce qu'ils n'y voient qu'une conspiration habile et puissante, ils espèrent en venir à bout à force de violence et d'habileté.

Mais ils ne savent pas, et peut-être, loin de Dieu comme ils sont, ne peuvent-ils pas savoir que l'Église est le corps mystique de Notre Seigneur, que Notre-Seigneur est sa tête, qu'elle vit de son Esprit. En conséquence, nous sommes tous unis les uns aux autres comme les membres d'un même corps, si l'un souffre, le corps entier en est affecté, et il le sera d'autant plus que le membre attaqué est plus considérable et plus essentiel à l'organisme général.

La théologie a déduit de ces principes la notion vraie de la persécution religieuse, notion qu'il est peut-être nécessaire de rappeler dans un temps où l'on se plaît à répéter : nous ne persécutons pas l'Église, nous la laissons tranquille; nous ne voulons avoir affaire qu'aux Jésuites seuls.

Donc, Mes Frères, il y a persécution religieuse toutes les fois que l'attaque faite à un membre de l'Église remonte directement à la tête, c'est-à-dire, toutes les fois que Notre-Seigneur peut faire au persécuteur le reproche qu'il faisait à saint Paul, persécuteur des chrétiens : *Saule, Saule, quid me persequeris*? Saul, Saul, pourquoi me persécutes-tu? et cette persécution prend dans l'histoire le nom de persécution de l'Église, quand elle s'attaque, je ne dis pas à l'Église tout entière, mais à un membre très important : province, royaume, ordre religieux dont la conservation est d'un intérêt général pour l'Église catholique.

C'est pourquoi, Mes Frères, quand je vous aurai montré la place majeure que tient dans l'Église saint Ignace et sa Compagnie, il restera évident qu'une persécution contre les Jésuites doit être appelée une persécution de l'Église. Ce sera la première et la grande conclusion de ce discours.

Ai-je besoin, après cela, de vous dire à quel titre je viens ici, moi, enfant de saint Benoît, développer cette thèse à la gloire de saint Ignace et de sa Compagnie ? Avant tout, sans doute, je sais mon impuissance, mais nous sommes enfants de l'Église et nous ressentons vivement tous les coups qui la frappent. Ce sera mon excuse.

Et s'il me fallait un titre plus particulier, j'invoquerais avec confiance cette union qui, dès 1839, lorsque nous commencions à peine à naître, nous a admis, nous très petite Congrégation de France, à participer, comme des frères, à toutes les œuvres bonnes et méritoires qui sont faites dans la Compagnie pour la plus grande gloire de Dieu : *omnes Congregationis Gallicæ ordinis sancti Benedicti alumnos meritorum bonorumque operum, quæ, per Dei gratiam a nostris, ad divinæ majestatis gloriam fiunt... peculiari modo tum in vita tum post mortem participes esse declaramus.*

Cette union, avec sa belle formule, est restée pour nous un monument précieux, et je suis fier de pouvoir aujourd'hui la faire connaître dans cette assemblée.

Car j'ai voulu, Mes Frères, en commençant, montrer à tous que non seulement j'accomplis un devoir de conscience en venant partager avec vous les joies de cette belle fête, mais qu'en même temps j'acquitte une dette sacrée de reconnaissance et d'affection fraternelle envers cette Société qu'un grand Évêque appelait, il y a quelques jours, dans une circonstance solennelle, la très sainte, très illustre et très chère Société de Jésus.

Après ce préambule déjà long, j'aborde le sujet qui m'appelle au milieu de vous. Je n'ai pas une thèse nouvelle à établir, une polémique à entreprendre, des ennemis à combattre. Ici tous les cœurs s'épanouissent à l'aise dans une même pensée et un même amour.

Aujourd'hui, Mes Frères, nous sommes en présence d'un des plus grands triomphes de notre foi ; et, quelle que soit la puissance de nos ennemis, les outrages qu'ils nous prodiguent, les humiliations apparentes qu'ils nous font subir, je ne retrouve pas d'autre parole pour célébrer saint Ignace, le glorieux fondateur de la Compagnie de Jésus, que la grande et mystérieuse sentence de saint Paul : *Hæc est victoria quæ vincit mundum fides nostra.* La victoire qui triomphe du monde c'est notre foi.

L'Esprit-Saint a des hardiesses que la faiblesse du langage humain n'oserait essayer : Notre foi est une victoire ! Une victoire qui triomphe du monde ! Qu'est-ce à dire ? ma foi, c'est mon *credo*, je crois. Il n'y a pas là de combat ; et, s'il n'y a pas de combat, où est la victoire ? Cependant, Mes Frères, la parole de l'Esprit-Saint est vraie, elle résume l'histoire du monde, et elle est tout spécialement la seule explication vraie de l'histoire du grand saint que nous célébrons. C'est la pensée que je me propose de vous dévolopper.

On l'a dit et on le répète sans cesse, saint Ignace était soldat au service du roi des Espagnes. Il s'est converti, il est resté soldat, mais soldat au service du Roi des rois. Le maître seul était changé. Bien plus, de ses disciples, il a formé une armée de soldats.

Cette parole est vraie, Mes Frères, et Dieu me garde d'y contredire. Ce sont les Souverains Pontifes qui l'ont apprise au monde, dans les actes nombreux et magnifiques par lesquels ils se sont plu à célébrer la Compagnie de Jésus et son fondateur.

Mais dans un siècle comme le nôtre, où tout roule sur des mots, où l'on se paye de paroles dont on ne définit pas le sens, je crains bien qu'il ne reste de grandes confusions dans les esprits. Quelle idée se fait-on de ce caractère guerrier d'Ignace, des soldats qu'il a enrôlés sous les drapeaux du Christ, des projets qu'ils poursuivent, des armes dont ils disposent ? La réponse à ces questions révélerait de singulières ignorances et des frayeurs plus singulières encore. On ne sait pas, on ne veut pas savoir ; a-t-on peur, ou voudrait-on faire peur ?

Ce n'est pas saint Ignace qui a fait de l'Église une milice ; or le nom propre et distinctif de l'Église dans ce monde est d'être militante. Et saint Paul ne fait-il pas de tous les chrétiens autant de soldats, dont il décrit l'armure très forte contre le démon, la chair et tous les vices ?

Mais ce qu'il importe surtout de connaître, c'est le caractère nouveau de cette guerre, les soldats, les armes et les conditions de la victoire.

Pour l'apprendre, écoutez la parole de mon texte : *Hæc est victoria quæ vincit mundum, fides nostra.* Partout où il y a la foi, il y a le monde qui proteste. Voilà la guerre. Mais où la foi s'affirme, le monde est vaincu. Voilà nos armes et notre victoire.

Lorsque Dieu révéla aux anges les desseins de sa miséricorde, l'Incarnation de son fils, le devoir leur était tracé, il fallait croire ; car la vérité divine, quand elle se révèle, exige la foi. La lutte aussitôt commença. Vous en connaissez l'histoire. A la tête des anges qui voulurent rester fidèles, saint Michel affirme sa foi par son cri de guerre : *quis ut Deus*, qui est comme Dieu? A la tête des rebelles, Lucifer répond par la négation absolue, le cri de la révolte : *non serviam !* je ne servirai pas! Voilà le combat ; mais à la profession de foi de Michel, la victoire est consommée, Lucifer est précipité pour toujours dans les enfers.

Hæc est victoria quæ vincit mundum, fides nostra.

Il en devait être ainsi. La vérité c'est la lumière ; que la lumière paraisse, les ténèbres sont dissipées. Seulement en ce monde la lumière surnaturelle n'est pas apparente par elle-même. Elle a besoin (chose mystérieuse) que quelqu'un la manifeste, lui rendre témoignage. C'est ainsi que Jean-Baptiste est venu rendre témoignage à la lumière, afin que tous par lui vinssent à la foi. Or quiconque a reçu ce témoignage, celui-là est dans la vérité, les ténèbres n'ont plus de part en lui, la vérité en lui est victorieuse. *Hœc est victoria.*

Ainsi il est évident que le combat est ouvert entre les enfants de lumière et les enfants de ténèbres.

C'est pourquoi lorsque le Seigneur Jésus, lui qui est la lumière, fut présenté au temple, le saint vieillard Siméon le prit dans ses bras, le bénit et dit à Marie sa mère : Cet enfant est établi pour être la ruine et la résurrection de plusieurs en Israel ; il sera dans le monde un objet de contradiction. Là, Mes Frères, est tout le secret de la lutte qui devait se faire dans la suite des siècles jusqu'à la fin, autour du nom de Jésus. Cet enfant sera une cause de résurrection et de ruine ; pourquoi ? Le saint vieillard nous l'apprend ; c'est que cet enfant sera un objet de contradiction : *signum cui contradicetur* Qu'est-ce à dire ? sinon que les uns l'acclameront en l'adorant avec respect ; ce sera pour eux la résurrection et la vie. Les autres le renieront, s'élèveront contre lui ; ce sera leur ruine.

Je n'insiste pas. Nous savons maintenant pourquoi et à quelles conditions le chrétien est appelé un bon soldat du Christ : *bonus miles Christi.* La foi est son armure, et fidèle est son nom. Et si dans l'assemblée des fidèles, dans l'Eglise, quelques-uns sont distingués par de plus grands honneurs, l'unique raison de cette préférence c'est qu'ils ont rendu à leur foi un témoignage plus éclatant, qu'ils l'ont affirmée d'une manière très héroïque. On les appelle Martyrs, s'ils ont donné à leur foi le témoignage de leur sang. D'autres n'ont pas eu l'occasion de ce sacrifice, mais ils ont voulu cependant, par le même motif de la foi, se consacrer tout entiers à la pratique des vertus les plus sublimes de la vie chrétienne, et on les a appelés confesseurs. Confession et Martyre, c'est à ces conditions que la sainteté est honorée par l'Église ; car par là seulement elle est rapportée à Dieu comme une louange qui puisse être digne de lui.

Telle est l'Église, Mes Frères, tel est le caractère de sa lutte au milieu du monde. Il était nécessaire de rappeler ces notions pour pouvoir résoudre la question que nous nous sommes posée tout d'abord : qu'est-ce que saint Ignace et quel rang lui assigner au milieu de cette nuée de saints, martyrs et confesseurs, qui sont la gloire et le soutien de l'Église ?

Je résumerai en un mot ma réponse à cette question, et son développement sera tout le reste de mon discours. L'histoire de l'Église, dans sa lutte de dix-neuf siècles contre l'erreur, est dominée par deux grands faits d'une portée immense. Le Mahométisme, qui en conservant la notion de Dieu, est la négation la plus radicale du mystère de l'Incarnation, et par conséquent du Christianisme tout entier. Plus tard le Protestantisme, qui, par son nom aussi bien que par ses principes, menace de ruine toute morale et toute société. A la première de ces erreurs, Dieu a laissé la liberté de s'étendre et de se propager en Asie son berceau et en Afrique sa première conquête, sans susciter contre elle ni un homme ni une œuvre pour la combattre. Mais contre la deuxième, c'est-à-dire le Protestantisme, Dieu a donné à son Église saint Ignace et sa Compagnie.

Essayons, Mes Frères, de mesurer la grandeur de cette thèse et la place qu'elle fait à saint Ignace dans l'Église.

Pendant trois siècles, les martyrs avaient vaincu par la puissance de leur témoignage. Contre les bourreaux qui déchiraient leurs corps, ils confessaient la vérité, proclamaient leur foi au Seigneur Jésus, et leur foi était victorieuse, puisqu'elle convainquait la force brutale d'impuissance. Enfin les tyrans lassés et humiliés durent s'avouer vaincus;

eux-mêmes embrassaient la foi et rendaient hommage au Seigneur qu'ils avaient persécuté.

Ce fut le signal d'une époque glorieuse pour l'Église. Au IVe siècle, après les persécutions, pour remplacer les martyrs, Dieu suscita des légions de nouveaux témoins : l'ère des Moines commençait.

Je ne dirai pas ici quel a été leur rôle et leur mission dans le monde ; qu'il nous suffise de savoir que, si jusqu'au XIIIe siècle ils ont réuni en eux à peu près tous les éléments de la vie religieuse dans l'Église, la mesure de leur foi a été toujours la vraie mesure de la foi et des sentiments religieux des populations au milieu desquelles ils vivaient. Ils représentaient ainsi la fermeté du peuple chrétien dans ses luttes contre l'hérésie. Ce qui n'empêche pas cependant d'être vraie cette loi providentielle qui se dégage de l'histoire du monde, à savoir, que Dieu, toutes les fois que l'épreuve devient plus forte, prépare des institutions ou des hommes plus vigoureux pour la défense de son Église.

Ainsi en Orient, tandis que les moines formés à l'école des Antoine et des Basile, combattaient avec succès les grandes hérésies qui s'attaquaient aux principaux mystères de la religion chrétienne, Dieu suscita contre les Ariens saint Athanase, contre Macédonius saint Basile et saint Grégoire, plus tard, saint Cyrille d'Alexandrie contre Nestorius et saint Léon contre Eutychès.

Mais quand ensuite les moines laissèrent le schisme et l'hérésie sous ses diverses formes s'implanter dans leurs monastères, il fut facile de voir que c'était le signal de la ruine des peuples ; la grande défection en Orient était proche.

En effet, au commencement du VIIe siècle naissait le grand adversaire du nom chrétien, Mahomet. Sa doctrine excluait absolument toute notion de la divinité du Fils de Dieu, Notre-Seigneur Jésus-Christ, et elle était d'autant plus dangereuse, qu'en dehors de ce dogme fondamental, elle acceptait rigoureusement la religion et ses devoirs envers Dieu.

Ce n'était donc pas, comme nos systèmes d'impiété moderne, une débauche d'irréligion ; le nom de Dieu au contraire y était grandement respecté et les lois de son culte imposées par le Prophète très sévèrement gardées. Ce n'était pas non plus une erreur particulière contre tel ou tel point du dogme chrétien, comme dans les siècles précédents. C'était une négation absolue, négation non de l'existence de Notre-Seigneur, ni de ses qualités suréminentes, Mahomet accordait tout cela, mais la négation pure et simple de l'Homme-Dieu.

Eh bien ! Mes Frères, au lieu de reculer d'horreur devant un tel blasphème, l'Orient presque entier s'abîma dans la peur ; partout la lumière s'éteignit, étouffée par l'erreur que secondaient les violences du cimeterre. On eut dit qu'une malédiction terrible pesait sur ces malheureuses contrées. Mais nous ne pouvons trop le redire, les moines de l'Orient, infidèles à leur mission, s'étaient séparés de Rome, dont ils rejetaient la foi, dont ils repoussaient l'autorité. Ils n'avaient donc plus en eux-mêmes les conditions de la victoire : *Hæc est victoria quæ vincit mundum, fides nostra*, ils n'étaient et ne pouvaient plus être dans le monde qu'un corps sans vie ; car Rome est la tête à laquelle un membre, pour vivre, doit nécessairement demeurer attaché. A cause de cette défection sans exemple, Dieu sembla se retirer de ces populations. Il n'y suscita plus ni docteur ni prophète.

L'Orient était perdu. Mahomet y domine encore en maître.

C'est là, Mes Frères, ce que j'ai appelé le fait le plus grand, disons mieux, le plus lamentable dans l'histoire du monde. L'Asie et l'Afrique se sont détachées du royaume de la Vérité, de l'Église, sans avoir rencontré un obstacle sérieux, sans avoir trouvé devant elles l'énergie de la foi d'un peuple, d'une institution, d'une cité.

L'Occident seul lui opposa de la résistance, et une résistance énergique : l'épée d · Charles Martel à Tours, la guerre de l'Espagne, pendant sept siècles, pour reconquérir son territoire, et plus tard, trois siècles de croisades contre le

Mahométisme au cœur de son empire, démontrèrent une fois de plus, avec une évidence souveraine, que c'est la foi seule qui infailliblement assure la victoire : *Hæc est victoria quæ vincit mundum, fides nostra.*

En effet, les moines en Occident, sous la règle du saint Patriarche Benoit, n'avaient pas comme les Orientaux, les défaillances de la foi. Accoutumés par leur sainte Règle à la considérer comme le premier devoir essentiel de l'obéissance, on ne vit chez eux ni les hésitations ni les vaines subtilités des sectaires. En eux, la foi demeura vivante, par conséquent capable d'une action puissante et durable sur les peuples, dont elle sut pénétrer la vie intime, pour les affermir et leur refaire un tempérament robuste et chrétien à toute épreuve.

Aussi les Barbares qui envahirent l'empire et s'en partagèrent les provinces furent-ils promptement convertis par les moines, qui peu à peu en firent des peuples chrétiens, puis formèrent de ces peuples, un moment réunis dans le grand empire de Charlemagne, la société chrétienne. La vérité de la foi était devenue par eux la base, la raison d'être, le vrai bien social de tous les peuples. Tous vivaient de la foi, les sociétés comme les inidvidus, elle était devenue la substance de la vie. Heureux ceux qui ont vécu dans cette atmosphère ! Au milieu des mille révoltes de la raison et des passions, car l'homme, quoiqu'il arrive, conserve toujours les instincts de sa mauvaise nature, cette atmosphère de la foi continua à envelopper les âmes de ses influences bienfaisantes jusqu'au XIIIe siècle.

Au XIIIe siècle, le flot de la révolte grandissant toujours, Dieu enraya pour deux siècles le mouvement révolutionnaire qu'on appelait alors l'hérésie des Albigeois, en envoyant à l'Église deux grands saints, qui furent les Pères de deux nombreuses et puissantes familles, saint Dominique et saint François. Tous deux, l'un par la science, l'autre par l'amour et la pratique de la pauvreté, combattirent avec succès l'ignorance, source de tant de désordres, et l'amour des richesses, centuplées en Europe par les relations plus fréquentes avec l'Orient, et qui ouvraient la porte à toutes les séductions du plaisir et de la volupté.

Cependant par une loi, qui paraît universelle dans l'histoire, le torrent du mal une fois déchaîné ne remonte pas; on peut amoindrir ses ravages ; le détourner ou le détruire, depuis la naissance de l'Église, il n'y en a pas d'exemples. On pouvait donc prévoir que l'Occident un jour ou l'autre aurait à subir l'épreuve suprême dans laquelle l'Orient avait succombé.

Ce fut au commencement du XVIe siècle qu'éclata enfin la grande insurrection dont le nom suffit à dire l'impiété, la malice et l'étendue ; elle s'appela elle-même le Protestantisme. C'est le commencement de la Révolution ; Luther en arbora le drapeau sur le sanctuaire, comme pour lui donner tout d'abord son caractère de révolte contre Dieu. Aujourd'hui, du reste, amis et ennemis sont d'accord sur ce point. Le Protestantisme, il est vrai, n'a pas enfanté tout de suite ses dernières conséquences ; il a eu son évolution logique, ses phases diverses. Cependant il faut dire que, dès le début, Luther a posé tous les principes qui devaient ébranler ce que l'on appelle avec mépris le vieux monde et préparer sur ses débris un monde nouveau.

Aucun fait de cette importance ne s'était produit dans l'Église depuis le Mahométisme. Comme le Mahométisme, il allait conquérir par la violence plusieurs des belles contrées de l'Europe, et infiltrer peu à peu dans les autres Etats restés fidèles, ses principes et ses doctrines, destinés à faire périr le sens chrétien dans les âmes.

Mais Dieu, dans cet immense danger eut pitié de son peuple, et il lui accorda une grâce que l'Orient n'avait pas méritée ; Dieu se choisit un homme pour l'opposer au torrent. Cet homme était Ignace.

Il était de cette nation espagnole qui a mérité le glorieux nom de Catholique et qui s'en montre toujours fière. Là, sur cette terre chrétienne, élevé par des parents chrétiens, il a vécu de cette vie de la foi, qui peut bien ne pas empêcher tous les égarements de la passion, mais qui reste dans l'homme un élément puissant pour le sauver et au besoin le conduire jusqu'à la sainteté. Contre le Protestantisme qui sape les fondements de la foi, Dieu veut faire d'Ignace un homme sur qui la foi aura tout son empire.

Suivons-en, Mes Frères, les principaux caractères. Soldat au milieu des camps, la vie d'Ignace a été dissipée. Mais ce qu'on appellera sa conversion ne s'opérera pas dans ces polémiques et ces examens qu'il faut essayer aujourd'hui avec tous nos modernes incrédules. Ignace lira l'Évangile et la Vie des Saints; qu'en faut-il davantage pour toucher son cœur, lui tracer la voie, lui donner des modèles et aiguillonner sa lâcheté? Sa foi ainsi réveillée est par le fait même victorieuse. Ignace ne saura jamais marchander avec elle un sacrifice.

Aussitôt il se tourne vers la très sainte Vierge Mère de Dieu, et court à son célèbre sanctuaire du Mont Serrat, pour trouver auprès d'elle le secours et le pardon dont il avait besoin.

Mais que va devenir le soldat dans cette conversion si généreuse ? Il dépose ses armes; il les consacre, après une veille de prières, à la façon des chevaliers, à la vierge de Mont-Serrat. En même temps il revêt, pour en faire sa nouvelle armure, les haillons déchirés d'un pauvre qu'il a rencontré. Avec ces haillons il ira mendier les opprobres et les injures. Voilà sans doute, Mes Frères, un singulier soldat.

Qui lui a appris cette façon étrange de faire la guerre ? Reconnaissons qu'ici toutes les idées du monde sont renversées. L'homme reste seul avec sa foi. Mais cette foi est son arme toute-puissante. Elle est la seule raison pour laquelle on a dit qu'Ignace était toujours soldat.

Le Saint que Dieu se prépare ainsi ne peut pas être un personnage vulgaire, il ne doit pas apparaître non plus dans ce monde comme un météore isolé, ne tenant à rien, sans racine dans le passé. Dieu ne fait point ainsi son œuvre, et il n'y a rien de nouveau dans l'Église. Mais ici, plus l'hérésie que doit combattre Ignace méprise la tradition et aspire à la nouveauté ; plus Dieu le rattachera fortement, lui et sa famille, à tout ce qu'il y a d'ancien et de traditionnel. C'est un rameau vigoureux qui demandera sa sève au tronc sur lequel il aura été enté ; c'est un membre puissant du corps mystique de Notre-Seigneur, qui puisera la vie à la même source dont l'Église a toujours vécu.

Vous ne vous étonnerez donc pas, Mes Frères, que Dieu l'ait conduit à un enfant de Saint-Benoît pour diriger ses premiers pas, et donner aux illuminations divines, d'où ont jailli les *Exercices*, le contrôle et l'appui toujours nécessaires de l'obéissance et de la foi.

C'est cette obéissance et cette foi qui ont donné à son œuvre la vertu et la divine fécondité que le monde a admirées.

La foi lui fait abandonner la terre qui l'a vu naître, ses parents, ses amis, tout ce qui lui est cher en ce monde.

La foi lui persuade, parce qu'il est ignorant, de se refaire enfant pour apprendre, au prix de mille peines et humiliations.

C'est par la vertu incomparable de sa foi qu'il réunit des compagnons plus habiles et plus savants que lui, qu'il triomphe en particulier de l'orgueil et de l'ambition de François Xavier ; car il a un accent irrésistible pour dompter les âmes et leur faire entendre la grande parole de Notre-Seigneur : *Quid prodest homini si mundum universum lucretur, animæ vero suæ detrimentum patiatur* ? Que sert à l'homme de gagner l'univers, s'il vient à perdre son âme ?

Et quand les disciples sont réunis, la foi va former leurs premiers liens, ils vont consacrer à Dieu leurs talents, leurs efforts et leur vie.

Or, c'est à Montmartre qu'ils vont faire ces premiers vœux.

Le choix d'un pareil sanctuaire, pour un acte aussi solennel, ne fut certainement pas fait au hasard. Mais aujourd'hui, à une distance de trois siècles, il nous est permis de penser que nous pouvons sur ce point pénétrer plus avant dans les desseins de la Providence, et y saisir une harmonie qu'un regard humain ne pouvait alors soupçonner. Montmartre est le centre trois fois saint de Paris, et par conséquent de la France ; c'est là que saint Denis, l'apôtre des Gaules, a consommé son glorieux martyre avec ses deux compagnons Rustique et Eleuthère. Sur cette terre sanctifiée, saint Benoît, dont les fils ont fait le royaume de France, avait établi de bonne heure un collège de vierges, chargées d'y entretenir le sacrifice de la louange divine. Saint Denis et saint Benoît ! C'est toute l'histoire de France jusqu'aux temps modernes. Et aujourd'hui, sur cette montagne, nous voyons s'élever chaque jour plus belle la grande église du Sacré-Cœur, du Sacré-Cœur dont saint Ignace a reçu mission de propager le culte par toute la terre.

Bientôt après, la foi d'Ignace et de ses compagnons les appelle à Rome, au pied du Souverain Pontife à qui ils viennent s'offrir tout entiers, se mettant sans réserve à la disposition du Vicaire de Notre-Seigneur Jésus-Christ, pour le service de la sainte Eglise et la conversion des âmes.

Lisons ici avec respect la direction que saint Ignace donna à ses disciples, spécialement en ce moment solennel, au sujet de la foi. Rien n'est touchant comme les dix-huit règles qu'il prescrit dans son livre des *Exercices Spirituels*. Je veux en citer deux seulement qui suffiront, pour faire connaître la foi généreuse et simple qui animait Ignace.

Avant tout, dit-il dans la première de ces règles, il faut renoncer à tout jugement propre et tenir toujours son esprit prêt à obéir promptement à la vraie Epouse du Christ, notre sainte Mère l'Eglise catholique, représentée par ses pasteurs légitimes.

Prima regula, sublato proprio omni judicio, tenendus est semper paratus promptus animus ad obediendum veræ Christi Sponsæ, ac sanctæ Matri nostræ, quæ est orthodoxa, catholica et hierarchica Ecclesia.

Dans sa treizième règle, saint Ignace dit encore : Il faut que nous soyons absolument conformes à l'Église Catholique et d'un même esprit avec elle, de telle manière que si elle définissait qu'un objet, qui à nos yeux paraît blanc, est noir, nous devons prononcer avec elle que cet objet est noir ; car il faut croire sans hésiter que l'esprit qui nous gouverne et nous régit vers notre salut est l'esprit même de Notre-Seigneur Jésus-Christ, le même qui anime l'Église catholique son Épouse, et que le Dieu qui aujourd'hui instruit et gouverne l'Église avec tous ses pasteurs, est le même Dieu qui donna le Décalogue aux Juifs.

Decima tertia denique regula ut ipsi Ecclesiæ catholicæ omnino unanimes conformesque simus ; si quid, quod oculis nostris apparet album, nigrum illa esse definierit, debemus itidem quod nigrum sit pronuntiare. Indubitate namque credendum est eumdem esse D.-N. J.-C. et Ecclesiæ orthodoxæ sponsæ ejus spiritum, per quem gubernamur ac dirigimur ad salutem, neque alium esse Deum qui tradidit decalogi præcepta, et qui nunc temporis Ecclesiam hierarchicam instruit atque regit.

Ces formules, il est vrai, n'ont rien d'extraordinaire, elles ne sont que l'expression de la foi. Mais, dans un siècle rationaliste comme le nôtre, cette fermeté et cette simplicité en étonneront plusieurs. Quant à nous, mes frères, qui savons que c'est la seule notion du vrai chrétien, comprenons quelle puissance cette seule direction donne à la vie et quels hommes doivent être les disciples formés à l'école d'Ignace : *Hæc est victoria quæ vincit mundum fides nostra.* Voilà les soldats d'Ignace, voilà leurs armes, armes très belles et très fortes, et toujours victorieuses.

Tout semble prêt pour se mettre à l'œuvre. Il leur reste cependant encore à sanctionner, par des vœux solennels, le don qu'ils ont fait d'eux-mêmes, entre les mains du Souverain Pontife et les règles qu'ils ont librement embrassées. Cette fois ce ne sera plus saint Denis, l'apôtre des Gaules, d'une province grande et puissante sans doute, mais d'une province

seule, qui devra les recevoir. C'est à saint Paul, dans la basilique de l'Apôtre des Nations, que doit commencer cette grande œuvre dont le zèle embrasse le monde et qui doit porter partout le flambeau de sa foi et les ardeurs de sa charité. Nos Pères de la Congrégation du Mont-Cassin, fidèles gardiens du tombeau du grand Apôtre, conservent précieusement le souvenir de cet événement, qui restera l'un des faits majeurs dans l'histoire de l'Église, et le témoin le plus éloquent des liens de fraternité que la Providence a voulu former entre la Compagnie de Jésus et les enfants de Saint Benoît

Nous connaissons maintenant saint Ignace et son œuvre. Ignace est un chrétien qui sait croire ; c'est avec sa foi seule qu'il entre en lutte contre le protestantisme. Il resterait à raconter l'histoire de cette longue guerre, où trop souvent, par contre, le mensonge et la violence sont les seules armes de l'hérésie.

Les différentes phases qu'a subies le Protestantisme dans sa durée déjà de trois siècles permettront de mettre un certain ordre dans ce qui nous reste à dire ; car, quoique Luther ait professé avec une audace inouïe jusqu'aux dernières conséquences de ses principes, cependant il y avait un point sur lequel il appuyait davantage, et c'est par là que ses premiers disciples ont commencé le développement logique de l'erreur du maître.

Le Protestantisme dans sa première évolution avait proclamé le libre examen, c'est-à-dire la liberté pour chacun de soumettre à son interprétation particulière l'Écriture Sainte et tous les dogmes de la révélation ; l'autorité de l'Église était foulée aux pieds. Les progrès de cette erreur, qui flattait l'orgueil humain et toutes les passions, furent d'une rapidité effrayante. Avant la fin du siècle, l'hérésie avait détaché de l'Église de grands États : les États du Nord, une partie de l'Allemagne, la Hollande, l'Angleterre et l'Ecosse. Mais dans cette lutte suprême, qui dira l'héroïsme du courage et de la foi, déployé sur ces différents champs de bataille par les compagnons d'Ignace? La gloire des martyrs ne leur a pas manqué à cette époque. Qu'il nous suffise de citer, au milieu de beaucoup d'autres, cet illustre dévot de la très sainte Vierge, le bienheureux Ignace Azevedo, qui meurt avec ses trente-neuf compagnons sous les coups des ennemis de notre foi. Leur mort, Mes Frères, nous donne à tous, dans la lutte qui nous menace aujourd'hui, un grand exemple qu'il ne faut pas négliger. Ils ne veulent pas qu'on puisse dénaturer leur martyre, comme s'ils avaient été seulement les victimes de la cruauté d'un corsaire; en mourant, le bienheureux Ignace Azevedo s'écria au nom de tous : « J'atteste les anges et les hommes que je meurs dans la sainte Eglise romaine, heureux de mourir pour la défense de ses dogmes et de ses pratiques. » Si dans cette lutte terrible, la vérité pourtant a triomphé, il faut, Mes Frères, avec les Souverains Pontifes, en reporter la gloire tout spécialement à la Société de Jésus. Le Concile de Trente fixa solennellement la foi sur tous les points attaqués; c'était la première victoire, car la vérité triomphe toutes les fois qu'elle se dégage de l'erreur à tous les yeux, comme la lumière est victorieuse, quand elle refoule au loin les ténèbres trop épaisses pour la recevoir. Or parmi les grands hommes qui ont dirigé le Concile, en est-il de plus grands et de plus influents que les disciples d'Ignace, Laynès, surtout, qui fut si longtemps l'oracle de l'auguste assemblée.

Mais non seulement l'erreur a dû se délimiter devant la lumière de la vérité; le peuple chrétien resté fidèle eut aussi lui sa grande victoire. Ce sont les heureuses réformes qui ont été la suite du Concile ; et nul doute qu'elles ne furent dues en grande partie au zèle des enfants d'Ignace : la vie chrétienne purifiée et raffermie par la pratique des sacrements, les nombreuses et très sérieuses conversions opérées par les *Exercices spirituels*, les collèges de la Compagnie multipliés partout, afin de mettre la jeunesse à l'abri du protestantisme.

Il est vrai qu'à la même époque un grand nombre d'œuvres furent fondées pour travailler au même but, qu'on vit les ordres religieux se renouveler dans la ferveur de l'observance. Mais nous devons dire, à la gloire des enfants d'Ignace, que presque partout ces fondations, ces réformes se firent sous leur influence. Toute cette gloire cependant, Mes Frères, n'est que peu de chose devant cette auréole incomparable de sainteté dont la divine Providence s'est plu à environner le berceau de l'Institut. A côté des quarante martyrs déjà nommés, pour ne citer que les noms les plus célèbres de cette grande époque, qu'il nous suffise de rappeler en Espagne, saint François de Borgia, qui renonça aux honneurs que sa naissance et ses talents lui avaient ouverts, en se faisant l'humble disciple d'Ignace ; en Italie, saint Louis de Gonzague qui à peine sorti de l'enfance abandonnait sa famille et la cour, pour mener dans la Société de Jésus la vie la plus austère d'un ascète ; en Pologne, sur cette terre de l'héroïsme et de la souffrance, saint Stanislas Kotska, tendre fleur d'innocence et de simplicité, que l'enfant Jésus voulut honorer de ses caresses ; enfin, pour terminer par un nom qui dépasse tous les autres et qui suffirait seul à illustrer une époque, saint François Xavier renouvelait les merveilles des temps apostoliques ; par ses prédications et ses miracles, il conquérait à l'Évangile, dans les pays nouvellement découverts, plus de païens que jamais missionnaire depuis les Apôtres n'en avait convertis. C'était une magnifique compensation donnée par la Providence contre les défections dans les Etats de l'Europe. *Hæc est victoria quæ vincit mundum, fides nostra.*

Il nous serait déjà permis, Mes Frères, de comparer les deux époques que nous avons établies dès le commencement dans l'Eglise, le Mahométisme et le Protestantisme, et l'accueil fait à ces deux erreurs par l'Orient et par l'Occident. Nous pourrions facilement en conclure que la différence d'un temps à un autre n'est pas l'épreuve, mais la manière seule dont les chrétiens savent la porter et accepter la lutte.

Mais nous n'avons vu encore que le premier siècle, la première évolution du Protestantisme en Europe. Il y a pris sa place. Dans les Etats qu'il a conquis, il s'y développe librement par la persécution et la violence. Bientôt il brise par la guerre de Trente-Ans l'unité sociale de l'Europe chrétienne. Là, encore les disciples de saint Ignace ont un grand rôle ; on les retrouve partout où il faut des apôtres, des négociateurs ou des martyrs.

Dans les pays échappés au Protestantisme la lutte continue. L'erreur sous de nouvelles formes développe sa négation. Elle avait proclamé d'abord que l'homme, dans sa pensée et l'expression de sa pensée, est libre de tout contrôle, de toute autorité divine et humaine. C'était la liberté sans frein. Aujourd'hui, par une nouvelle évolution, elle affirme que la volonté de l'homme n'est pas responsable; et la raison qu'elle en donne serait péremptoire, si elle était vraie : l'homme, dit-elle, dans l'exercice de sa volonté n'est pas libre. Il était difficile d'aller plus loin dans la licence ; quel moyen de dominer et régler une volonté qui n'est pas libre ? Cette hérésie, fille, on le voit, du Protestantisme, dont le chef Luther avait fait un livre sur *le serf arbitre*, cette hérésie eut cependant un nom propre, et s'appela Jansénisme. Mais c'était peu d'avoir formulé son principe, il fallait se mettre à l'abri d'une condamnation. Luther y échappait en niant l'infaillibilité de l'Église. Les Jansénistes, à leur tour, mais moins hardis, protestèrent contre toute condamnation venant de Rome, en niant que le Pape fût infaillible. C'était un diminutif de Luther, mais qui suffirait, croyaient-ils, pour éloigner le danger. L'esprit saisit, sans avoir besoin de développement, les conséquences d'une pareille doctrine.

Or le grand adversaire du Jansénisme fut encore saint Ignace ; si ses enfants n'eussent pas été partout et toujours sur la brèche, nous pouvons l'affirmer sans crainte, le Jansénisme ne serait pas mort. Cette lutte qui remplit le XVIIe et le XVIIIe siècle est trop complexe pour se prêter à une analyse, et, d'un autre côté, trop connue pour qu'il ne suffise pas d'en rappeler, comme nous l'avons fait, le caractére et le résultat final.

Mais, à côté de cette hérésie du Jansénisme, doublée du Gallicanisme doctrinal, un autre Gallicanisme, politique celui-là et conséquence du premier, flattait les princes en proclamant que leurs actions, comme princes, ne relevaient pas de l'Église, que le lien par conséquent qui unit le roi à ses sujets n'est pas un lien religieux. C'était un principe dangereux pour l'autorité, on ne devait pas tarder à le voir. Pour le moment, un pareil enseignement enorguellit les rois, qui cédèrent à la pression des Parlements où dominaient les Jansénistes. Les Jésuites furent chassés et supprimés.

L'erreur va donc triompher, puisque l'ennemi que la Providence avait créé pour la combattre est frappé à mort. Détrompez-vous, Mes Frères, c'est ici plus que jamais qu'il faut dire : *Hœc est victoria quœ vincit mundum, fides nostra*. Jamais plus beau spectacle n'a été donné au monde. Et si aujourd'hui tous les cœurs sont encore émus de la généreuse conduite de tous les Pères, dans la persécution que la violence vient d'exercer contre eux, ce que nous venons de voir, j'ose le dire, mes Révérends Pères, n'a été qu'une ombre de la persécution dont vous avez été les victimes à la fin du dernier siècle, et rien n'est comparable à la noble simplicité, résignation et patience avec lesquelles vos Pères ont supporté l'épreuve ; leur défaite fut un grand triomphe pour notre sainte foi. D'autre part, leur suppression fut le préambule de la Révolution, qui devait prendre à tâche de venger pleinement par ses excès les Jésuites, du coup qui les avait frappés.

La sainteté d'ailleurs avait continué pendant ces deux siècles de luttes à faire une réponse éclatantes aux calomnies des Jansénistes. Le B. Père Claver se dévouait pendant quarante ans au service des nègres et des lépreux, avec des miracles de charité qui font frémir la nature.

Le B Bobola, après vingt-six ans consumés à instruire les pauvres paysans de la Lithuanie, endurait avec un pieux courage le plus cruel des martyres de la part des cosaques schismatiques.

Le B. Brito marchait sur les traces de saint François Xavier dans les Indes, et terminait sa glorieuse carrière par le martyre, qu'il avait toute sa vie appelé de ses vœux.

Enfin, pour ne pas fatiguer plus longtemps votre attention, le B. François de Girolamo attirait à lui Naples et tous ses environs, par la vertu de sa parole et la renommée de ses miracles.

A côté de ces quelques noms que l'Église a entourés des honneurs qu'elle accorde aux saints, des milliers d'autres se dévouaient, comme eux, aux mêmes travaux, avec les mêmes fruits pour les âmes, fruits immenses dont on a pu mesurer la grandeur, quand tout à coup cette abondante source de bénédictions vint à cesser dans le monde.

Enfin les Jésuites ont disparu. Le Protestantisme est entré librement dans sa dernière phase, il règne avec toutes les conséquences de sa doctrine; c'est la Révolution. Il a déchaîné toutes les passions, le catholicisme est son ennemi. Repassez le chemin déjà parcouru : *L'homme est libre dans sa pensée* ; et d'un autre côté, dans tous ses excès, *il suit la pente qui l'entraîne fatalement à ses destinées, il n'est pas libre dans sa volonté*. Enfin on a donné aux princes la maxime qui devait consacrer leur despotisme, en leur apprenant *que l'Église n'a rien à voir aux relations des princes avec leurs peuples, et que, par conséquent, il n'y a entre eux et le peuple aucun lien religieux*. Il ne restait plus qu'un pas à faire pour trouver la formule révolutionnaire. Que le peuple retourne la sentence qui le livrait sans puissance aux mains du prince, il n'y aura bientôt plus rien qui puisse l'enchaîner à un pouvoir quelconque Il dira à son tour avec une effrayante logique : aucun lien religieux ne peut exister entre un peuple et son roi ; donc il faut conclure que *le peuple est souverain*, *qu'il est irresponsable de ses principes ou de ses caprices.* C'est là le dernier mot du Protestantisme ; il a atteint la dernière limite, au delà il n'y a plus rien. Déjà, après les deux premières étapes, l'homme n'était plus cet être créé libre, pour porter devant Dieu et devant les hommes la responsabilité de ses actes; la liberté était devenue une faculté sans frein que personne ne peut avoir le droit de restreindre ou de diriger. Aujourd'hui, c'est la société elle-même qui s'est affranchie de Dieu, le peuple proclame sa souveraineté absolue, indépendante et supérieure à toute loi divine ou humaine. Ces théories, Mes Frères, expliquent tout ; la Révolution n'a rien qui puisse nous étonner maintenant, tous ses désordres, et ses cruautés les plus grandes trouvent dans ces quelques mots leur explication la plus complète.

Les premiers coups devaient porter sur la religion, parce que seule elle pouvait être un frein au débordement de la licence. En quelques années, tout fut renversé : les ordres religieux supprimés, le clergé séculier réduit à choisir entre l'exil ou le martyre, pour échapper à une constitution civile, hérétique et schismatique. Alors la désolation régna sur l'Église de France. Jusque-là dans toutes nos cités, les monastères, les collégiales, les confréries, les congrégations formaient autant de centres séparés, où l'Office Divin, la prière publique et solennelle était célébrée jour et nuit. C'était encore la vie sociale de l'Église, et les fidèles dont la vie était restée chrétienne ne connaissaient pas d'autres règles. Saint Ignace pour former un chrétien : *Tertia regula ut cum orthodoxa Ecclesia vere sentiamus*, voulait qu'on lui recommandât avec l'assistance à la sainte messe, les chants de l'Église, les psaumes et l'Office Divin avec ses différentes Heures Canoniales : *Psalmos, cantus Ecclesiasticos et tempora determinata officiis divinis, ut sunt quas vocamus Horas Canonicas.* Quelle force surnaturelle, quelle puissance de grâce sur une société qui paye encore si largement à Dieu le devoir de la prière ! Mais aussi quelle nuit profonde, quelle désolation immense sur une grande Église devenue tout à coup sans voix pour adorer et prier ! Les fêtes religieuses ont cessé, pour faire place à des bacchanales sacrilèges. C'était l'heure du Prince des ténèbres et la Prière n'était plus là pour le chasser. Aussi l'épreuve fut longue.

A la fin cependant, Dieu eut compassion des hommes. Après dix ans de folies, de sang et d'impiété, la paix fut rendue à l'Église, un concordat fut conclu qui lui laissait encore quelques droits ; elle pouvait vivre. Malheureusement l'ennemi restait dans la société, les esprits étaient faussés, une législation nouvelle avait fait table rase du passé, la Révolution était dans les lois, elle allait passer dans les mœurs.

Pie VII qui avait créé le Concordat comprenait mieux que personne son insuffisance ; il manquait à notre société révolutionnaire, issue du protestantisme, le remède donné dès le commencement par la Providence pour combattre l'hérésie protestante, l'Église avait de nouveau besoin des enfants de saint Ignace. Le 7 août 1814, au milieu des cris de joie et des applaudissements de la ville de Rome, Pie VII publia la Bulle très solennelle : *Sollicitudo omnium ecclesiarum* qui rétablissait la Compagnie supprimée par un simple bref quarante-un ans auparavant. Cet acte pontifical est plein de grandeur : « Le monde catholique demande d'une voix unanime le rétablissement de la Compagnie de Jésus. Nous nous croirions coupable d'un grave délit devant Dieu, *Gravissimi criminis in conspectu Dei nos reos esse crederemus*, si, dans ces grands dangers de la République chrétienne, nous refusions le secours que nous accorde la providence spéciale de Dieu, et si, placé dans la barque de Pierre, agitée et assaillie par de continuelles tempêtes, nous refusions d'employer des rameurs vigoureux et expérimentés, *si expertos et validos qui sese nobis offerunt, remiges ad frangendos pelagi minitantis fluctus respueremus* qui s'offrent d'eux-mêmes, pour rompre les flots d'une mer qui menace à chaque instant du naufrage et de la mort... C'est pourquoi nous prenons sous notre tutèle, sous notre obéissance immédiate et sous celle du siège apostolique, tous les collèges, toutes les maisons, toutes les provinces, tous les membres de cet ordre, et tous ceux qui s'y réuniront. » Le Souverain Pontife termine par ce bel éloge de saint Ignace et de ses Règles : Quant à vous, dit-il, qui, à quelque titre que ce soit, appartenez à cette société, nous vous avertissons et vous exhortons, autant que le Seigneur nous en donne la puissance, de vous montrer, en tous lieux et en tous temps, les fidèles disciples et imitateurs d'un si glorieux Instituteur et Père : *Sese fideles asseclas et imitatores tanti sui Parentis et Institutoris exhibeant.*

Vous me pardonnerez, Mes Frères, de m'être étendu avec complaisance sur ce grand acte de Pie VII. Pie VII était un enfant de Saint-Benoît, de cette illustre abbaye de Saint-Paul, où nos pères conservent avec un soin religieux le marbre qui rappelle les vœux que saint Ignace y fit avec ses premiers compagnons. Il est touchant pour nous de penser que cette société de Jésus, dont le rôle a été si important dans l'Église, avait dû prendre naissance dans un cloître bénédictin, et que si, un jour, après avoir reçu le coup de la mort, elle devait reprendre dans le monde sa grande mission contre l'erreur, c'était un pape bénédictin qui devait lui rendre la vie.

Mes Révérends Pères, vous avez donc recommencé avec courage ce que vous n'aviez cessé de faire depuis trois siècles. L'histoire est d'hier, elle est d'aujourd'hui, je n'ai pas à insister. Vous avez rendu hommage à la vérité, vous avez confessé votre foi, et aujourd'hui comme toujours, c'est là votre triomphe, dans vos prédications, dans vos missions où l'ennemi est forcé de rendre hommage à votre dévouement et de protéger vos services, dans les bagnes où votre foi va sauver des âmes perdues par le vice et conquérir le martyre de la charité, mais surtout dans l'éducation de la jeunesse. Car l'éducation, vos collèges, c'est là le bien dont ils sont jaloux et qu'ils voudraient vous enlever. Mais ils ne savent pas, du moins ils ne paraissent pas savoir (vos défenseurs eux-mêmes le savent-ils ?) quels sont vos titres à l'enseignement. Nous sommes accoutumés à entendre sans cesse séparer l'homme en deux, le chrétien et l'homme, le chrétien, à qui on nous laisse enseigner le catéchisme et l'histoire sainte, l'homme, à qui ils ont seuls le droit d'enseigner la grammaire, les lettres, l'histoire profane, etc. etc.. Mais nous chrétiens nous disons que l'Église a reçu de Dieu le droit d'enseigner. Et sous ce mot nous entendons tout ce qui peut former le chrétien, par conséquent toute science, parce que toute science, peut et doit mener à Dieu, parce qu'en fait, un maître irréligieux, soit qu'il parle, soit qu'il se taise, tourne toute science contre Dieu ; cet exemple de l'impiété établit invinciblement notre droit. Aucun autre n'est plus cher à l'Église que celui d'enseigner. Elle le revendique, sitôt qu'elle est libre ; elle en use tant qu'on ne lui oppose pas un obstacle infranchissable : elle crée des facultés, des universités, des collèges, elle reconnait et consacre comme ordres religieux, des sociétés fondées uniquement pour l'éducation complète de la jeunesse ; et pour vous, Mes Révérends Pères, au milieu des œuvres nombreuses qu'elle vous confie, elle regarde vos collèges comme votre œuvre principale.

A cause de cela, j'entends ces enfants vous appeler Pères, et leur cœur ne les trompe pas, c'est vraiment votre nom. Dieu de qui découle toute paternité vous a fait entrer en participation de sa paternité divine, pour former et entretenir dans ces enfants la vie de la foi, de même qu'il a communiqué cette paternité à leurs parents, pour qu'ils puissent donner à leurs enfants la vie naturelle et l'entretenir en eux. Les parents, vous le voyez, Mes Révérends Pères, reconnaissent en vous ce droit divin sur leurs enfants et n'en sont pas jaloux Ils comprennent que ce titre tout surnaturel n'altère pas, mais augmente au contraire dans leurs enfants le sentiment de la piété filiale.

Mes Révérends Pères, ces succès redoublent nos prières.

Puissiez-vous longtemps encore, en dépit des menaces, appuyés sur l'affection des enfants et la confiance des parents, continuer une œuvre si éminemment civilisatrice et chrétienne.

Je termine, Mes Frères, par où j'ai commencé, par un souvenir de famille C'est encore votre histoire, Mes Révérends Pères, mais l'histoire très contemporaine. Le nom de bénédictin était éteint en France depuis plus de quarante ans, lorsqu'un jeune prêtre vint à Rome, dans l'espérance de le rétablir. Le projet était chimérique et n'avait rien qui pût le recommander. Dom Guéranger n'était encore connu que par quelques articles de journaux ou de revues, et sa première tentative de Solesmes était restée très obscure. Mais votre illustre Père Roothan sut apprécier ce jeune homme, il vit dans le but qu'il poursuivait tout ce que saint Ignace vous avait appris à aimer, l'amour de Notre-Seigneur d'abord, le dévouement à l'Église et à tout ce qui lui est cher, la haine surtout des erreurs modernes, et par contre, l'amour filial du souverain Pontife, avec tous ses droits et privilèges. Le Père Roothan savait de plus que l'Ordre Bénédictin n'avait pas été indifférent à la Compagnie de Jésus depuis le commencement. C'est pourquoi il usa pour le succès de notre œuvre de toute son influence, qui était grande, et contribua plus que personne à faire approuver nos Constitutions. Ainsi, Mes Frères, a été cimentée notre union avec saint Ignace et ses enfants. Et nous sommes fiers à notre tour de lui devoir la vie.

Mes Frères, je m'étais proposé de vous faire connaître saint Ignace, sa place d'honneur dans l'histoire de l'Église, la grande lutte qu'il a soutenue et qu'il continue à soutenir par ses fils contre l'erreur. Ai-je dit toute sa vraie gloire ?

Ce matin, en célébrant saint Ignace, l'Église nous faisait chanter le cantique qu'elle appelle nouveau : *Cantate Domino canticum novum*, c'est le chant de la délivrance. Dieu se complaît dans son peuple, *Beneplacitum est Domino in populo suo*, et, il exalte les humbles en les sauvant, *exaltabit mansuetos in salutem.* Il les associe, du sein de la gloire où ils résident, au gouvernement du monde, par eux il exerce la vengeance au milieu des nations, *ad faciendum vindictam in nationibus*, et corrige les peuples. C'est là la vraie gloire des Saints : *Gloria hæc est omnibus sanctis ejus.*

C'est pourquoi, Mes Frères, en répétant aujourd'hui ces chants, j'aimais à voir l'Église les appliquer à saint Ignace ; et les circonstances donnent à cette application une actualité très saisissante. Oui, il manque à ce grand saint une gloire, mais cette gloire lui a été promise, comme à tous les Saints, et la parole de Dieu aura un jour son accomplissement. *Ut faciant in eis judicium conscriptum.* Tout jugement suppose une cause, or, une grande cause est engagée, les hommes la jugent à leur façon ; mais le jugement souverain est à Dieu, la justice divine l'a écrit. C'est donc à Dieu qu'il faut que tous ceux dont les droits sont lésés adressent leur requête.

Les enfants demandent à Dieu qu'on ait pitié de leur âme, qu'on leur rompe le pain de l'intelligence et de la foi, sans lequel ils ne peuvent vivre en chrétiens, qu'on leur laisse les maîtres que Dieu leur a donnés pour pères avec mission de les instruire. Et la demande de ces enfants est le droit de leur baptême.

Les parents à leur tour prient pour leurs enfants, dont ils doivent répondre devant Dieu.

Ainsi, Mes Frères, la cause s'instruit au tribunal du Juge souverain. La sentence est déjà dictée : *Judicium conscriptum.* A la prière des justes sur la terre, il députera les saints du ciel pour l'exécuter ; et ici, certainement ceux-là dont le nom est en cause auront une délégation spéciale.

Mais quand et comment se fera cette exécution si solennellement préparée ? C'est le secret de Dieu. Cependant il nous est permis de pénétrer le mystère.

Nous savons comment Notre-Seigneur Jésus-Christ a fait pour nous. Nous étions aussi, nous, non seulement pécheurs, mais persécuteurs; car ce sont nos péchés qui l'ont jugé, condamné à mort et crucifié. A cause de cela, il y avait contre nous une sentence écrite : *adversus nos erat chirographum decreti quod erat contrarium nobis*. Mais Notre-Seigneur a pris cette sentence, l'a attachée à la croix, *et ipsum tulit de medio, affigens illud cruci*. Puis il a prié son Père d'en faire retomber la peine sur lui seul. Or, vous savez, Mes Frères, la suite du dogme chrétien Cette prière a été exaucée, à cause de la dignité infinie de la personne de l'Homme Dieu : *pro magna reverentia ;* sur lui, le Fils de l'homme, représentant l'humanité tout entière, la sentence a été exécutée. Quant aux hommes, les vrais coupables, ils ont reçu leur pardon et se sont convertis.

Après l'exemple du maître, tous les saints ont suivi. Saint Étienne le premier martyr était entouré de ses ennemis qui grinçaient des dents contre lui : *stridebant dentibus in eum*, qui se fermaient les oreilles, *continuerunt aures suos*, pour n'être pas vaincus par la puissance de l'Esprit qui parlait par sa bouche ; mais lui, priait pour ses bourreaux, spécialement pour Saul le plus acharné et le plus cruel de tous : *Domine Jesu, ne statuas illis hoc peccatum*. Et Dieu, cédant à la prière d'Étienne dans son martyre, convertit Saul sur le chemin de Damas et en fit celui que l'Eglise appelle le grand Paul, le Docteur des Nations

Ainsi, Mes Frères, les saints ont commencé à exécuter le jugement de Dieu contre leurs persécuteurs. L'histoire nous montre qu'ils ont toujours fait de même et avec le même succès : *Gloria hæc est omnibus sanctis ejus*. Vous pourriez ajouter, Mes Révérends Pères, que cette gloire n'a pas été refusée à votre illustre Père et à ses enfants. Nous savons que de nos jours encore vos martyrs ont eu plus d'une fois cette gloire.

C'est pourquoi (vous nous permettrez, Mes Frères, d'exprimer notre légitime confiance) c'est pourquoi, dis-je, nous espérons que saint Ignace et ses enfants dans la gloire auront pour mission d'exaucer tant de ferventes prières ; la justice et la miséricorde s'embrasseront encore, la miséricorde pour sauver les coupables, la justice pour faire droit à tant de malheureux enfants qui souffrent, victimes des coups dont leurs maîtres sont frappés : *Ut faciant in eis judicium conscriptum.* Ce sera la grande, la vraie gloire réservée à saint Ignace et à ses fils : *Gloria hæc omnibus sanctis ejus.*

Quant à vous, Mes Révérends Pères, dans cette cause qui paraît être la vôtre, qu'avez-vous à attendre ? où sont vos droits? Vos droits, j'oserai vous le demander, vous avez renoncé à tout, que réclamez-vous donc ? En ce monde, vos droits se confondent, il est vrai, avec les droits de ces enfants dont vous êtes les Pères, avec ceux de ces parents qui sont si heureux de partager avec vous les droits et les devoirs de la paternité. Mais ces droits-là vous n'avez pas mission pour les faire valoir. — Vos droits ? Mais on vous exclut du droit commun de tout citoyen français.

Que vous reste-t-il donc, Mes Révérends Pères? Il vous reste les droits de Dieu, à qui vous appartenez et qui a fait de vous tous, par les saints vœux de la religion, une chose sainte et sacrée, à laquelle on ne touche pas sans attaquer Dieu. Il vous reste les droits de Dieu, dont vous accomplissez la mission ; et vous avez le devoir de réclamer qu'on vous la laisse exercer sans entraves. Mais si la violence veut vous arrêter, comme vos Pères, vous aurez, contre vos ennemis, je vous le disais tout à l'heure, devant Dieu, l'arme toute-puissante et toute miséricordieuse de la prière : *Judicium conscriptum in eis*

Pour vous, pleins de confiance au Seigneur, vous attendrez pour l'autre vie, la vraie vie de l'éternité, la couronne que le juste Juge a promise à tous ses fidèles serviteurs. Afin de vous la rendre plus chère, il vous la donnera par les mains de votre Père. Vous serez vous mêmes sa couronne, il sera votre joie, *Gloria hæc est omnibus sanctis ejus*, pour célébrer tous ensemble dans le ciel la victoire par laquelle il aura triomphé et vous aurez triomphé avec lui du monde et de ses ministres : *Hæc est victoria quæ vincit mundum fides nostra.*

C'est la grâce que je demande pour vous, Mes Révérends Pères. Priez qu'il nous soit donné à tous d'avoir notre part avec vous dans cette grande victoire de la foi. *In nomine Patris, etc.*

Le Mans. — Impr. Leguicheux-Gallienne.

www.ingramcontent.com/pod-product-compliance
Ingram Content Group UK Ltd.
Pitfield, Milton Keynes, MK11 3LW, UK
UKHW020223200726
13856UKWH00004B/1578